Collection dirig

50 POÈMES

Présentation, itinéraires de lecture et notes
par Jacky Simon

HACHETTE

Dans ce recueil :

50 poèmes d'auteurs connus ou moins connus
G. Apollinaire, M. Carême, R. Desnos, V. Hugo,
J. Prévert, J. Renard, J. Supervielle...

Couverture : maquette de S. Coulon - dessin de F. Foënet

ISBN 2.01.010851.5

© HACHETTE 1986 79, boulevard Saint-Germain - F 75006 PARIS

Présentation

Jacky Simon

La poésie n'a pas très bonne réputation. On la dit sérieuse, difficile, parfois triste, incompréhensible et quand elle est amusante, certains prétendent que ce n'est pas de la poésie ! Comme on la croit moins utile que la prose, on la rejette à la fin des livres de lecture, avec les chansons et les mots croisés. Enfin, tout le monde sait que les poèmes sont faits par des voyous qui ont des visions, pour des jeunes filles qui attendent un marin et pour des écoliers qui sont condamnés à les réciter, les mains derrière le dos.

Ce petit livre voudrait vous réconcilier avec la poésie, grâce au choix de poèmes qu'il vous offre et aux itinéraires de lecture qu'il vous propose.

Les poèmes

Les cinquante poèmes qui composent ce recueil sont des textes authentiques, écrits dans une langue simple, vivante, parfois familière. Cela ne doit pas vous étonner. Les vrais poètes laissent les grands mots et les phrases obscures aux ignorants. « Ecrivez simplement, a dit l'un d'eux, ou simplement, n'écrivez pas... »

Ce sont des textes d'**auteurs modernes et contemporains.** Deux auteurs sur trente-six sont morts peu avant

1900. Tous les autres appartiennent au XXᵉ siècle. Vous trouverez une brève notice sur chacun d'eux à la fin du volume. Ces poètes sont plus ou moins connus. Certains sont célèbres comme Victor Hugo, Guillaume Apollinaire, Jacques Prévert et, à un moindre titre, Philippe Soupault, Max Jacob et Jules Supervielle, par exemple. D'autres sont presque inconnus — pour l'instant — tels Robert Clausard, Pierre Douvres ou Yoland Simon. C'est avec un plaisir aussi vif, vous le verrez, que vous retrouverez des écrivains et que vous en découvrirez d'autres.

Dans la plupart de ces cinquante poèmes domine le jeu, plus particulièrement **le jeu avec les mots**. Les poètes, en effet, plus que les autres écrivains, aiment les mots pour eux-mêmes, pour leur aspect, pour les images qu'ils évoquent, pour le bruit qu'ils font, pour la musique qu'ils produisent ensemble. Quand sont-ils vraiment sincères ? Qu'est-ce qui est le plus important : les sensations qu'ils éprouvent ou celles qu'ils nous font éprouver ? Maurice Fombeure nous met en garde avec malice : « Ecoutons un peu notre cœur, la tête a joué son rôle. »

Ajoutons que les poètes de ce recueil savent jouer la comédie, déguiser leur voix et créer des personnages pour mieux nous tromper... et nous séduire. Le plus bel hommage que vous pourrez leur rendre sera de les mettre en scène.

Enfin, ce choix de poèmes est aussi varié que possible. Certes, tous les genres et tous les styles ne sont pas représentés et cette petite anthologie ne constitue pas un panorama de la poésie française du XXᵉ siècle. Cependant, vous découvrirez, au fil des pages, des œuvres de forme et d'inspiration différentes : par exemple, un calligramme d'Albert-Birot, cinq vers mélancoliques d'Apollinaire, une ronde de Béarn, une comptine de Tardieu, une blague de Vincensini...

Ainsi conçu, comme une sorte de «comédie aux cinquante actes divers », ce livre aurait pu s'intituler **Quartier libre**, pour reprendre le titre d'un poème de Prévert. Quartier libre pour les poètes, quartier libre pour les mots, mais aussi, quartier libre pour les lecteurs, car les itinéraires de lecture qui vous sont proposés vont vous permettre, non seulement de vous promener dans ce livre selon votre fantaisie, mais aussi d'aborder chaque poème de manière personnelle et avec une totale liberté d'esprit.

Les itinéraires de lecture

Les itinéraires de lecture comprennent deux parties : **Lecture des poèmes**, proposant un itinéraire pour chaque texte, et **Lecture du recueil**, invitant à une lecture globale de l'ensemble.

Ces itinéraires ne sont pas destinés à vous fournir la clef de tous les mystères ou la réponse à toutes les questions. Au contraire, parce que c'est vous qui possédez la clef et qui connaissez la réponse, les itinéraires visent à favoriser une lecture personnelle.

Lire un poème, c'est le relire, c'est le dire et le redire, c'est avoir envie de le faire connaître, c'est voir des images, c'est découvrir des significations nouvelles, des rapports entre les mots, c'est retenir un vers, en oublier un autre, c'est l'abandonner pour y revenir plus tard, c'est en parler ou le murmurer pour soi, c'est l'épingler au mur de sa chambre ou le rejeter, bref, c'est jouer avec lui comme le chat avec la souris.

C'est pourquoi l'itinéraire de **Lecture des poèmes** vous invite, avant tout, à vous interroger et vous propose une série d'exercices adaptés à chaque poème.

Vous direz, par exemple, quelle est votre réaction à la première lecture, comment vous comprenez l'histoire ou comment vous voyez les personnages, vous observerez le texte et vous le décrirez, vous vous demanderez qui parle, vous illustrerez le poème, vous en écrirez un autre, etc. Mais, surtout, vous rechercherez la meilleure façon de dire les poèmes et de les jouer, parce qu'ils ont, presque tous, été choisis pour cela et que c'est le meilleur moyen de leur donner un sens, de les apprécier et de les faire vivre.

L'itinéraire de **Lecture du recueil** est la continuation et le complément indispensable du précédent. Il vous permettra d'envisager les poèmes dans leur ensemble, les uns par rapport aux autres, de les regrouper, de faire des choix, d'exprimer votre opinion, de marquer vos préférences. Et cette analyse globale, ces rapprochements seront une autre manière de lire et d'apprécier les textes.

Enfin, votre lecture deviendra une belle aventure collective ou une création individuelle imaginaire lorsque, suivant la dernière étape de l'itinéraire, vous préparerez un véritable spectacle à partir d'un choix de textes.

Les notes, à la suite des poèmes, et les corrigés, à la fin des itinéraires, ont été réduits à l'essentiel afin de ne pas gêner la découverte des poèmes.

PIERRE ALBERT-BIROT

Dentelle

```
IL  FAUDRAIT  TROUVER                        1
ᴧᴧᴧᴧᴧᴧᴧᴧᴧᴧᴧᴧᴧᴧᴧᴧᴧᴧᴧᴧᴧᴧᴧᴧᴧᴧᴧᴧᴧᴧᴧᴧᴧᴧᴧ
U  :·N·,·,·:☺:·.·.A·:·U·:·T·:·:R·:·:E
CCCCC        I      EEEEE        L
C    C       I      E     E      L            5
C            I      E            L
C            I      E            L
C            I      EE           L
C            I      E            L
C    C       I      E     E      L   L
CCCCC        I      EEEEE        LLLLL        10
CELUI·:·.·:·CI·:·.·EST·:·:T ROP·:·:BAS
ON,(·:·)'LE'(·:·)'TOUCHE,(·:·)'AVEC,(·:·),LA,(·:·),MAIN

M,A,I,S·:·I'L·:·E:S:T·:·E'N·:·:P:A:P:I:E:R·:·D:E·:·S:O:I:E   15
ᴧᴧᴧᴧᴧᴧᴧᴧᴧᴧᴧᴧᴧᴧᴧᴧᴧᴧᴧᴧᴧᴧᴧᴧᴧᴧᴧᴧᴧᴧᴧᴧᴧᴧᴧ
C/O/M/M/E'/./·/UN·/./·/CER.CEAU·/./·/D'É/C/U/Y/È/R/E
ᴧᴧᴧᴧᴧᴧᴧᴧᴧᴧᴧᴧᴧᴧᴧᴧᴧᴧᴧᴧᴧᴧᴧᴧᴧᴧᴧᴧᴧᴧᴧᴧᴧᴧᴧ
I:L::,:·:,::S:U:F:F:I:T:·:::D:E:·:::D:I:R:E
HH       HH       OOOOOOO       PPPPPPPPP     20
HHHHHHH          OO     OO      PPPPPPPPP
HH       HH       OOOOOOO       PP
P*O,U*R,·:·:·PASSER·:·:·AU·:·,·:·,T*R*A,V*E,R*S
HH       HH       OOOOOOO       PPPPPPPPP
HHHHHHH          OO     OO      PPPPPPPPP     25
HH       HH       OOOOOOO       PP
```

Poésie 1916-1924, © Éd. Gallimard.

7

GUILLAUME APOLLINAIRE

La dame

1 Toc toc Il a fermé sa porte
Les lys du jardin sont flétris
Quel est donc ce mort qu'on emporte

Tu viens de toquer à sa porte
5 Et trotte trotte
Trotte la petite souris

Alcools, © Éd. Gallimard.

L'adieu

1 J'ai cueilli ce brin de bruyère
L'automne est morte souviens-t-en
Nous ne nous verrons plus sur terre
Odeur du temps brin de bruyère
5 Et souviens-toi que je t'attends

Alcools, © Éd. Gallimard.

L   E   1
A   T
C   A
R   V
A   5
DOU
LOU
REUSE
QUE TU
PORTES   10
ET QUI T'
ORNE Ô CI
VILISÉ

ÔTE-   TU VEUX
LA   BIEN   15
SI   RESPI
RER

Calligrammes, « La cravate et la montre »,
© Éd. Gallimard.

MARCEL BÉALU

L'indifférent

1 J'ai un cheval noir et trois ânes blancs
 Dans une maison près d'un étang rose

 Le cheval peut galoper dans la lune
 Les trois ânes blancs trotter sur l'étang

5 Je n'aime plus que le vent de novembre
 Courant après les passants de Paris

 Et l'ombre que fait ma plume en grinçant

Ocarina, © Éd. Seghers.

PIERRE BÉARN

Balle arithmétique

A la une on m'offre la lune   1
A la deux je la coupe en deux
A la trois je la donne aux oies
A la quatre on veut me combattre
A la cinq je rencontre un prince   5
A la six j'aime une écrevisse
A la sept je deviens trompette
A la huit on me déshérite
A la neuf j'ai des souliers neufs
A la dix j'ai des bénéfices!   10

L'Enfant et la Poésie,
© Éd. St-Germain-des-Prés.

11

PIERRE BÉARN

Ronde

1 Entrez dans notre ronde
vous qui passez au loin
nous cueillerons le monde
comme on coupe les foins.

5 Sautez dans notre ronde
en secouant vos cheveux
tous les trésors du monde
ne valent pas nos jeux.

Tournez dans notre ronde
10 en chantant avec nous
tous les soucis du monde
ne vaudront plus un sou.

Allez dire à la ronde
qu'en dansant avec nous
15 tous les bonheurs du monde
étaient à vos genoux
                    Hou !

L'Enfant et la Poésie,
© Éd. St-Germain-des-Prés.

Fête aux fous   1
Dis-moi tout

Fête aux sages
Dis ton âge

Fête aux chiens   5
Ne dis rien

La fête est chez les cigales
Ça prend feu sous les étoiles.

Comptines pour les enfants d'ici
et les canards sauvages,
© Éd. St-Germain-des-Prés.

MAURICE CARÊME

La bouteille d'encre

1 D'une bouteille d'encre,
On peut tout retirer :
Le navire avec l'ancre,
La chèvre avec le pré,

5 La tour avec la reine,
La branche avec l'oiseau,
L'esclave avec la chaîne,
L'ours avec l'Esquimau.

D'une bouteille d'encre,
10 On peut tout retirer,
Si l'on n'est pas un cancre
Et qu'on sait dessiner.

La Lanterne magique,
© Les Éditions ouvrières, Paris.

MAURICE CARÊME

Le chat et le soleil

Le chat ouvrit les yeux,   1
Le soleil y entra.
Le chat ferma les yeux,
Le soleil y resta.

Voilà pourquoi, le soir,   5
Quand le chat se réveille,
J'aperçois dans le noir
Deux morceaux de soleil.

L'Arlequin,
© Fernand Nathan, Paris.

ACHILLE CHAVÉE

Une écolière passe
un nuage s'efface
un insecte me voit
je me tiens droit

«Quatrains pour Hélène»
Achille Chavée, © Éd. Seghers.

Le roi de l'île

Le roi de l'île   1
Est-ce un raisin
Est-ce un poisson
Est-ce un nuage ?

Le roi de l'île   5
Est-ce un caillou
Est-ce un marin
Est-ce un soleil ?

Le roi de l'île
Est-ce un pied nu   10
Est-ce un navire
Est-ce un silence ?

Le roi de l'île
Est-ce l'été
Est-ce le chant   15
Est-ce l'amour ?

Le roi de l'île
Serait-ce lui
Serait-ce toi
Serait-ce moi ?   20

© Éd. Jean Subervie.

PAUL CLAUDEL

La
neige

sur
toute la terre
pour la neige
étend
un tapis de
neige

Cent phrases pour éventails,
© Éd. Gallimard.

ROBERT CLAUSARD

La puce

Une puce prit le chien [1]
pour aller de la ville
au hameau voisin
à la station du marronnier
elle descendit [5]
vos papiers dit l'âne
coiffé d'un képi
je n'en ai pas
alors que faites-vous ici
je suis infirmière [10]
et fais des piqûres
à domicile.

Poésie I,
© Éd. St-Germain-des-Prés.

19

CHARLES CROS

Le hareng saur

1   Il était un grand mur blanc -
          nu, nu, nu,
   Contre le mur une échelle -
          haute, haute, haute,
5   Et, par terre, un hareng saur -
          sec, sec, sec.

   Il vient, tenant dans ses mains -
          sales, sales, sales,
   Un marteau lourd, un grand clou -
10   pointu, pointu, pointu,
   Un peloton de ficelle -
          gros, gros, gros.

   Alors il monte à l'échelle -
          haute, haute, haute,
15   Et plante le clou pointu -
          toc, toc, toc,
   Tout en haut du grand mur blanc -
          nu, nu, nu.

   Il laisse aller le marteau -
20   qui tombe, qui tombe, qui tombe,
   Attache au clou la ficelle -
          longue, longue, longue,
   Et, au bout, le hareng saur -
          sec, sec, sec.

Il redescend de l'échelle -   25
         haute, haute, haute,
L'emporte avec le marteau -
         lourd, lourd, lourd,
Et puis, il s'en va ailleurs -
         loin, loin, loin.   30

Et, depuis, le hareng saur -
         sec, sec, sec,
Au bout de cette ficelle -
         longue, longue, longue,
Très lentement se balance -   35
         toujours, toujours, toujours.

J'ai composé cette histoire -
         simple, simple, simple,
Pour mettre en fureur les gens -
         graves, graves, graves,   40
Et amuser les enfants -
         petits, petits, petits.

Le Coffret de santal.

ROBERT DESNOS

Le tamanoir

1   — Avez-vous vu le tamanoir ?
Ciel bleu, ciel gris, ciel blanc, ciel noir.
— Avez-vous vu le tamanoir ?
Œil bleu, œil gris, œil blanc, œil noir.
5   — Avez-vous vu le tamanoir ?
Vin bleu, vin gris, vin blanc, vin noir.

Je n'ai pas vu le tamanoir !
Il est rentré dans son manoir,
Et puis avec son éteignoir
10   Il a coiffé tous les bougeoirs,
Il fait tout noir.

Chantefables et Chantefleurs,
© Librairie Gründ.

PIERRE DOUVRES

Il est temps que je m'explique

Je hais la plage   1
Je hais le sable incertain
où la cheville s'affole
Je hais les omoplates
des brûlés du deuxième degré   5
Je hais la camionnette rouillée
du marchand de glaces
Je hais la couverture délavée
des magazines de l'été
Je hais trois heures de l'après-midi   10
quand il pourrait tout aussi bien en être cinq
C'est encore la mer qui me déplairait le moins
mais pour l'atteindre
il faut traverser la plage

Une vie rangée disent-ils
Comme des lettres dans du cuir

MAURICE FOMBEURE

Air de ronde

1   On dansa la ronde,
    Mais le roi pleura.
    Il pleurait sur une
    Qui n'était pas là.

5   On chanta la messe,
    Mais le roi pleura.
    Il pleurait pour une
    Qui n'était pas là.

    Au clair de la lune,
10 Le roi se tua,
    Se tua pour une
    Qui n'était pas là.

    Oui, sous les fougères
    J'ai vu tout cela,
15 Avec ma bergère
    Qui n'était pas là.

A dos d'oiseau, © Éd. Gallimard.

ANDRÉ FRÉNAUD

Comptine à la moustache

La virgule qui s'en va, qui s'en va   1
clopin-clopant, c'est la moustache, adieu papa.
C'est la moustache au rat qui s'en va. C'est la
        [moutarde, c'est la moutarde.
Oh! S'en reviendra-t-il, s'en ressouviendra-t-il
en tronçons de... Ahah, le gros rat, le gros roi?   5
C'est la question... La question, c'est la
             [moustache.

La Sainte Face, © Éd. Gallimard.

PAUL GILSON

L'écureuil de Noël

1   Le vent sifflait pour les oiseaux
morts le jour sans lendemain
lorsque vint un orphelin
qui m'abrita dans son chapeau

5   Il m'emmena seul jusqu'à Londres
Une dame en me voyant
ébrécha sa tirelire
et m'offrit un sautoir d'argent

Des noisettes pour chaque dent
10   et des pommes près du feu

Mes yeux tiennent dans vos yeux
Belle dame des compliments

Ballades pour fantômes, © Éd. Seghers.

Recette

Prenez un toit de vieilles tuiles   1
Un peu après midi.

Placez tout à côté
Un tilleul déjà grand
Remué par le vent,   5

Mettez au-dessus d'eux
Un ciel de bleu, lavé
Par des nuages blancs.

Laissez-les faire.
Regardez-les.   10

Avec, © Éd. Gallimard.

Ce que dit le public

1   CINQ ANS.
Les lions, c'est des loups.

                          SIX ANS.
                                  C'est très méchant, les
5   [bêtes.
                          CINQ ANS.
Oui.

                          SIX ANS.
Les petits oiseaux, ce sont des malhonnêtes;
10 Ils sont des sales.

                          CINQ ANS.
                           Oui.

                SIX ANS, *regardant les serpents.*
                         Les serpents...

15   CINQ ANS, *les examinant.*
                                     C'est en peau.

                          SIX ANS.
Prends garde au singe; il va te prendre ton chapeau!

                CINQ ANS, *regardant le tigre.*
20 Encore un loup!

                          SIX ANS.
                          Viens voir l'ours avant qu'on le
                                      [couche.

CINQ ANS, *regardant l'ours.*
Joli !   25

SIX ANS.
Ça grimpe.

CINQ ANS, *regardant l'éléphant.*
Il a des cornes dans la bouche.

SIX ANS.   30
Moi, j'aime l'éléphant, c'est gros.

SEPT ANS, *survenant et les arrachant*
à la contemplation de l'éléphant.
Allons ! venez !
Vous voyez bien qu'il va vous battre avec son nez !   35

L'Art d'être grand-père.

MAX JACOB

Du lard et du sel

1   « Où allez-vous canards bercés ?
    — Faire les bateaux sur la mare.
    — Où vas-tu cheval boiteux ?
    — Chercher la reine pour la promenade.
5   La reine a des souliers d'argent
    et une ombrelle en peau d'éponge.
    — Où vas-tu vilain chien de route ?
    — Aiguiser mes dents au soleil.
    — Toi où vas-tu pauvre vieillard ?
10 — A la ville chercher du lard
    du lard et du sel pour ma bile
    Je crois qu'il est deux heures un quart
    et ma mort est pour demain soir. »

Poèmes de Morven le Gaélique,
© Éd. Gallimard.

GÉO NORGE

Monsieur

Je vous dis de m'aider,   1
Monsieur est lourd.
Je vous dis de crier,
Monsieur est sourd.
Je vous dis d'expliquer,   5
Monsieur est bête.
Je vous dis d'embarquer,
Monsieur regrette.
Je vous dis de l'aimer,
Monsieur est vieux.   10
Je vous dis de prier,
Monsieur est Dieu.
Éteignez la lumière,
Monsieur s'endort.
Je vous dis de vous taire,   15
Monsieur est mort.

Famines, © Éd. Seghers.

Chanson de mendiant

1   Je fais mon train
En mendiant mon pain.

Là-bas sur la montagne
Je bâtis ma maison
5   Avec du blanc d'Espagne
Et des petits bâtons.

Je fais mon train
En mendiant mon pain.

Je n'ai qu'une chemise
10   Pour mon équipement
Et quand vient la lessive
Je la sèche au beau temps.

Je fais mon train
En mendiant mon pain.

15   Quand je vais à l'église
On me fait comme au roi :
Tout le monde s'empresse
De s'éloigner de moi.

Je fais mon train
En mendiant mon pain.   20

Ce qu'on voit à ma suite
A mon enterrement,
Ce sont les poux, les puces
Qui s'en vont en pleurant.

En mendiant mon pain   25
Je fais mon train.

Œuvres poétiques,
© Éd. Gallimard.

Dimanche

1   Charlotte
    Fait de la compote.

    Bertrand
    Suce des harengs.

5   Cunégonde
    Se teint en blonde.

    Epaminondas
    Cire ses godasses.

    Thérèse
10 Souffle sur la braise.

    Léon
    Peint des potirons.

    Brigitte
    S'agite, s'agite.

15 Adhémar
    Dit qu'il en a marre.

    La pendule
    Fabrique des virgules.

    Et moi dans tout cha?
20 Et moi dans tout cha?

    Moi, ze ne bouze pas
    Sur ma langue z'ai un chat.

Innocentines, © Éd. Bernard Grasset.

Je déteste les nuages   1
leurs formes ridicules
ils n'ont même pas
la beauté des tigres
sur leur proie   5
ces nuages idiots
qui ne vivent que du soleil
et qui passent leur temps
à le cacher

Écrits, © Éd. Pierre Belfond.

JACQUES PRÉVERT

Quartier libre

1 J'ai mis mon képi dans la cage
et je suis sorti avec l'oiseau sur la tête
Alors
on ne salue plus
5 a demandé le commandant
Non
on ne salue plus
a répondu l'oiseau
Ah bon
10 excusez-moi je croyais qu'on saluait
a dit le commandant
Vous êtes tout excusé tout le monde peut se
                                                    [tromper
a dit l'oiseau.

Paroles, © Éd. Gallimard.

Être ange

Être ange   1
C'est étrange
Dit l'ange
Être âne
C'est étrâne   5
Dit l'âne
Cela ne veut rien dire
Dit l'ange en haussant les ailes
Pourtant
Si étrange veut dire quelque chose   10
Étrâne est plus étrange qu'étrange
Dit l'âne
Étrange est
Dit l'ange en tapant des pieds
Etranger vous-même   15
Dit l'âne
Et il s'envole.

Fatras, © Éd. Gallimard.

Dans l'espace

1 On dirait que kékchose se passe
   En fait il ne se passe rien
   Un autobus écrase un chien
   Des badauds se délassent
5 Il va pleuvoir
   Tiens tiens

L'Instant fatal, © Éd. Gallimard.

RAYMOND QUENEAU

Il pleut

Averse averse averse averse averse averse   1
pluie ô pluie ô pluie ô! ô pluie ô pluie ô pluie!
gouttes d'eau gouttes d'eau gouttes d'eau gouttes
                                  [d'eau
parapluie ô parapluie ô paraverse ô!
paragouttes d'eau paragouttes d'eau de pluie   5
capuchons pèlerines et imperméables
que la pluie est humide et que l'eau mouille et
                                     [mouille!
mouille l'eau mouille l'eau mouille l'eau mouille
                                     [l'eau
et que c'est agréable agréable agréable
d'avoir les pieds mouillés et les cheveux humides   10
tout humides d'averse et de pluie et de gouttes
d'eau de pluie et d'averse et sans un paragoutte
pour protéger les pieds et les cheveux mouillés
qui ne vont plus friser qui ne vont plus friser
à cause de l'averse à cause de la pluie   15
à cause de l'averse et des gouttes de pluie
des gouttes d'eau de pluie et des gouttes d'averse
cheveux désarçonnés cheveux sans parapluie

Les Ziaux, © Éd. Gallimard.

JULES RENARD

Histoires naturelles

1 LES DEUX PIGEONS - Viens, mon grrros,... viens,
mon grrros,... viens, mon grrros...

LA PIE - Cacacacacaca.

LA GRENOUILLE - Qu'est-ce qu'elle dit ?

5 LA PIE - Je ne dis pas, je chante.

LA GRENOUILLE - Couac !

LA TAUPE - Taisez-vous donc là-haut, on ne s'entend
plus travailler !

LES FOURMIS

10 Chacune d'elles ressemble au chiffre 3.

Et il y en a ! Il y en a !

Il y en a 333333333333... jusqu'à l'infini.

L'ÂNE

Le lapin devenu grand.

15 LE MUR - Je ne sais quel frisson me passe sur le dos.

LE LÉZARD - C'est moi.

LES MOUTONS - Mée... Mée... Mée...
LE CHIEN DE BERGER - Il n'y a pas de mais!

LE VER LUISANT
Que se passe-t-il? Neuf heures du soir   20
et il y a encore de la lumière chez lui.

LE PAPILLON
Ce billet doux plié en deux cherche une
adresse de fleur.

LE CORBEAU   25
« Quoi? Quoi? Quoi?
— Rien. »

Histoires naturelles.

ARMAND ROBIN

Le « Il »

1
Il
Ne dit pas de mal des gens,
Il
Ne pense pas de mal des gens ;
5
Il,
Quand il a affaire aux gens,
Va trouver les gens
Directement.

Il
10
est
Il.

Souvent
Il se sent
Seul
15
Il.

Ma vie sans moi,
© Éd. Gallimard.

L'enfant qui va aux commissions

« Un pain, du beurre, un camembert, 1
mais surtout n'oublie pas le sel.
Reviens pour mettre le couvert,
ne va pas traîner la semelle. »

L'enfant s'en va le nez au vent. 5
Le vent le voit, le vent le flaire.
L'enfant devient un vol-au-vent,
l'enfant devient un fils de l'air.

« Reviens, reviens, au nom de Dieu !
Tu fais le malheur de ton père. 10
Ma soupe est déjà sur le feu.
Tu devrais mettre le couvert ! »

Léger, bien plus léger que l'air,
l'enfant est sourd à cet appel.
Il est déjà à Saint-Nazaire. 15
Il oublie le pain et le sel.

Parents, de chagrin étouffant
d'avoir un fils si égoïste,
parents sans sel et sans enfant,
que votre dîner sera triste ! 20

Enfantasques, © Éd. Gallimard.

ANDRÉ SALMON

Chanson

1   Le poète et sa gloire!
   L'oiseau dans l'air du soir,
   La fille à son miroir
   Et le rat dans l'armoire.

5   La veuve et ses sanglots,
   La folle et ses grelots,
   La plainte des bouleaux
   Et le rire de l'eau.

   La reine en ses atours,
10 Les pages dans la cour,
   Les lépreux dans la tour,
   Moi seul et mon amour!

Créances suivi de Carreaux,
© Éd. Gallimard.

Fable

Où tombent les météorites   1
J'achèt'rai un champ
J'y f'rai une baraque à frites
Je serai marchand

Toutes les poussières d'étoiles   5
Je les accroch'rai
Au-dessus de ma cabane
Pour la décorer

Et si un météorite
Me tue un client   10
Sur sa tombe je dirai
A son enterrement :

« Un météorite l'a tué
Un jour en tombant
Parc'qu'il aimait trop les frites 15
Et qu'il était trop gourmand. »

Territoires du temps, Encrage,
© Y. Simon.

YOLAND SIMON

Au grand galop le zèbre fuit
Il fuit la cage aux longs barreaux
Que l'on a peinte sur son dos
Mais qui le mettra hors de lui?

Territoires du temps, Encrage,
© Y. Simon.

Mantes la Jolie

1   L'autoroute a tranché
A ma droite les pavillons
A ma gauche les grands ensembles
A l'horizon
5   TOTAL a planté sa bannière.

Territoires du temps, Encrage,
© Y. Simon.

J'ai contre quelques poissons
Échangé la mer

Territoires du temps, Encrage,
© Y. Simon.

Toute vie est sans mémoire   1
Cherche poème
Cherche miroir
On oublie tout puis on en meurt
Sur quoi voulez-vous que je pleure?   5

Territoires du temps, Encrage,
© Y. Simon.

Funèbre

1 Monsieur Miroir marchand d'habits
est mort hier soir à Paris
Il fait nuit
Il fait noir
5 Il fait nuit noire à Paris.

Poèmes et Poésies,
© P. Soupault.

Au galop

1 Prends ton plus beau cheval blanc
et ta cravache et tes gants
cours à la ville au plus tôt
et regarde le beau château

5 Le beau château dans la forêt
qui perd ses feuilles sans regret
au galop au galop mon ami
tout n'est pas rose dans la vie

Poèmes et Poésies,
© P. Soupault.

Ronde

CHAUVE-SOURIS   1
Chauve-souris,
Pourquoi voles-tu en plein midi?

Petite fille m'avait cueillie,
J'ai poussé un petit cri.   5
Ses doigts ont peur,
Je tombe,
Je fuis,
Chauve-souris en plein midi,
Sur mes ailes qui volent sans bruit,   10
Sur mes ailes couleur de nuit.
Voyez mes ailes...
Voyez mes ailes,
Mes-de-moi-zailes.

Poèmes de Loire,
© Éd. Bernard Grasset.

JULES SUPERVIELLE

Le lac endormi

1 Un sapin, la nuit,
  Quand nul ne le voit,
  Devient une barque
  Sans rames ni bras.
5 On entend parfois
  Quelque clapotis,
  Et l'eau s'effarouche
  Tout autour de lui.

Le Forçat innocent,
© Éd. Gallimard.

Comptine

(Voix d'enfant, zézaiement recommandé.)

J'avais une vache   1
Elle est au salon

J'avais une rose
Elle est en chemise
Et en pantalon   5

J'avais un cheval
Il cuit dans la soupe
Dans le court-bouillon

J'avais une lampe
Le ciel me l'a prise   10
Pour les nuits sans lune

J'avais un soleil
Il n'a plus de feu
Je n'y vois plus goutte
Je cherche ma route   15
Comme un malheureux.

Le Fleuve caché,
© Éd. Gallimard.

JEAN TARDIEU

Conversation

(Sur le pas de la porte, avec bonhomie.)

1   Comment ça va sur la terre ?
    — Ça va, ça va, ça va bien.

    Les petits chiens sont-ils prospères ?
    — Mon Dieu oui merci bien.

5   Et les nuages ?
    — Ça flotte.

    Et les volcans ?
    — Ça mijote.

    Et les fleuves ?
10 — Ça s'écoule.

    Et le temps ?
    — Ça se déroule.

    Et votre âme ?
    — Elle est malade
15 le printemps était trop vert
    elle a mangé trop de salade.

«Monsieur, Monsieur », extrait de *Le Fleuve caché*,
© Éd. Gallimard.

Tu ouvres les ailes   1
pour partir en voyage
tu te moques de nous
cheval
à ton âge   5

Œuvres complètes,
© Librairie Flammarion.

PAUL VINCENSINI

Moi dans l'arbre

1   T'es fou
        Tire pas
        C'est pas des corbeaux
        C'est mes souliers

5   Je dors parfois dans les arbres

Le Point mort,
© Éd. Guy Chambelland.

PAUL VINCENSINI

Toujours et Jamais

Toujours et Jamais étaient toujours ensemble   1
Ne se quittaient jamais
On les rencontrait
Dans toutes les foires
On les voyait le soir traverser le village   5
Sur un tandem
Toujours guidait
Jamais pédalait
C'est du moins ce qu'on supposait
Ils avaient tous les deux une jolie casquette   10
L'une était noire à carreaux blancs
L'autre blanche à carreaux noirs
A cela on aurait pu les reconnaître
Mais ils passaient toujours le soir
Et avec la vitesse...   15
Certains les soupçonnaient
Non sans raisons peut-être
D'échanger certains soirs leur casquette
Une autre particularité
Aurait dû les distinguer   20
L'un disait toujours bonjour
L'autre toujours bonsoir
Mais on ne sut jamais
Si c'était Toujours qui disait bonjour
Ou Jamais qui disait bonsoir   25
Car entre eux ils s'appelaient toujours
Monsieur Albert Monsieur Octave

Qu'est-ce qu'il n'y a ?, © Éd. St-Germain-des-Prés.

Notes

Les numéros entre parenthèses renvoient aux numéros des pages.

(7) **Cerceau :** cercle en bois qui sert de jouet aux enfants.
   Ecuyère : dans un cirque, femme qui fait des exercices à cheval.
(8) **Les lys sont flétris :** ces grandes fleurs blanches sont moins belles parce qu'on ne les arrose plus.
   Bruyère : plante à fleurs violettes, généralement sauvage.
(11) **On me déshérite :** on ne veut pas me donner mon « héritage », c'est-à-dire ce que je devrais recevoir à la mort de mes parents.
(16) **S'efface :** s'en va (pour laisser la place à quelqu'un d'autre).
(20) **Hareng saur :** le hareng saur est un poisson fumé.
(22) **Tamanoir** (ou fourmilier) : animal qui se nourrit de fourmis.
   Manoir : grande maison entourée de champs ou de bois.
   Eteignoir : petit chapeau pointu en métal que l'on utilisait autrefois pour éteindre les bougies.
(23) **Où la cheville s'affole :** où l'on marche difficilement.
   Les omoplates des brûlés du deuxième degré : le dos des gens qui sont gravement brûlés par le soleil.
   Rouillée : couverte de taches d'un rouge orangé (la rouille).
   Délavée : dont les couleurs ont pâli, à cause de l'eau et du soleil.
   Une vie rangée : une vie calme, régulière.
(25) **Clopin-clopant :** en marchant difficilement.
   Tronçons : morceaux.
(26) **Ebrécha sa tirelire :** fit un trou dans sa tirelire.
   Sautoir : chaîne que l'on porte autour du cou et qui descend sur la poitrine.
(27) **Tilleul :** arbre à fleurs jaunes que l'on plante souvent dans les parcs.
(30) **Aiguiser :** rendre plus coupant.
   Bile : liquide jaunâtre produit par le foie — mais aussi, « décharger sa bile » : se mettre en colère, et « se faire de la bile » : se faire du souci.
(34) **Godasses** *(familier)* : chaussures.
   Braise : les petits morceaux de bois ou de charbon qui finissent de brûler.
   Il en a marre *(familier)* : il en a assez.
(38) **Badauds :** passants qui n'ont rien à faire et qui regardent ce qui se passe autour d'eux.
(39) **Paraverse, paragouttes :** ces deux mots ont été inventés par Queneau.

(39) **Capuchon** : chapeau pointu attaché à un manteau ou à une pèlerine.

Pèlerine : manteau sans manches.

Désarçonnés : embarrassés, qui ne savent plus quoi faire.

(41) **Billet doux** : courte lettre d'amour.

(43) **Le vent le flaire** : le vent le sent, le renifle comme un chien.

Vol-au-vent : dans un repas, le vol-au-vent est une entrée; ici, le poète joue sur les mots.

Un fils de l'air : jeu de mots; «jouer la fille de l'air» signifie «disparaître».

Egoïste : qui ne s'intéresse qu'à lui.

(44) **Veuve** : femme dont le mari est mort.

Grelots : sonnettes.

Bouleaux : arbres blancs ou argentés que l'on trouve principalement dans les pays froids.

Ses atours : ses beaux vêtements.

Pages : jeunes seigneurs.

Lépreux : malades atteints d'une maladie de peau (la lèpre).

(45) **Météorites** : cailloux qui se déplacent dans l'espace et qui finissent par tomber sur la terre.

Une baraque : une toute petite maison en planches.

(46) **Hors de lui** : en colère.

A tranché : a décidé.

Pavillons : maisons.

Grands ensembles : groupes d'immeubles modernes.

Bannière : petit drapeau.

(48) **Cravache** : le cavalier utilise une cravache pour frapper son cheval.

(50) **Clapotis** : bruit léger produit par des petites vagues.

S'effarouche : a peur.

(51) **Court-bouillon** : l'eau dans laquelle cuit le poisson ou la viande.

(52) **Prospères** : en bonne santé.

Ça mijote : ça cuit doucement.

(55) **Tandem** : bicyclette pour deux personnes.

Itinéraires de lecture

Étape 1
Lecture des poèmes

Dentelle, P. ALBERT-BIROT   p. 7

1. Ce poème est un « calligramme ». Regardez bien le texte et vous saurez ce que signifie ce mot.
2. Est-ce que le titre du poème, l'aspect du poème et le texte lui-même vont bien ensemble ? Dites pourquoi.
3. Dites ce texte en le mimant.

La dame, G. APOLLINAIRE   p. 8

1. Ce poème raconte une histoire : laquelle ?
2. Est-ce que le poème vous paraît triste ? Pourquoi ?
3. D'après vous, qui est « la petite souris » ?
4. Vous mettez en scène ce poème. Comment imaginez-vous l'époque, le lieu, les personnages, les costumes, les jeux de scène, etc. ?

L'adieu, G. APOLLINAIRE   p. 8

1. Notez toutes vos réactions à la lecture de ce poème : les mots qui vous viennent à l'esprit, les images, vos impressions…
2. Observez attentivement le poème, lisez-le, dites-le à voix haute, puis décrivez-le : aspect général, répétitions de sons et de mots, etc.
3. Comment comprenez-vous le dernier vers ?

« La cravate douloureuse... », p. 9
G. APOLLINAIRE

1. De quelle manière sont disposées les lettres ?
2. Qu'est-ce que le poète pense des « cravatés » ?
3. Imaginez une publicité qui utiliserait ce texte.
4. Composez à votre tour un calligramme.

L'indifférent, M. BÉALU   p. 10

1. Le poète évoque deux endroits différents : lesquels ? En quoi s'opposent-ils (observez bien les ombres et les couleurs) ?
2. Qu'est-ce que le dernier vers nous apprend ? Faut-il le mettre en valeur en disant le poème ? Pourquoi ?
3. Comment comprenez-vous le titre du poème ?

Balle arithmétique, P. BÉARN   p. 11

1. D'après le titre, pouvez-vous imaginer différentes manières de dire, de chanter et de jouer cette comptine ?
2. Connaissez-vous d'autres comptines ? En quoi ressemblent-elles à celle-ci ?

Ronde, P. BÉARN   p. 12

1. Imaginez la scène : le lieu, les personnages, ce qui se passe...
2. Ce poème n'est pas seulement une chanson pour les enfants. Qu'en pensez-vous ?
3. Pour jouer ce texte, combien faut-il former de groupes ? Que vont-ils faire ? Comment peuvent-ils se répondre ?

« Fête aux fous... », L. BÉRIMONT   p. 13

Vous aussi, faites la fête avec les mots et composez un autre poème :
1. en changeant le deuxième vers de chaque strophe ;
2. en gardant seulement le mot « fête ».

La bouteille d'encre, M. CARÊME   p. 14

1. Pour chaque couple (navire-ancre, chèvre-pré, etc.), cherchez ce qui unit les deux parties.
2. Jouez, en équipes, à trouver d'autres couples qui riment : l'un dit « le filet avec le poisson », l'autre répond « la fille avec le garçon », et ainsi de suite... Essayez d'en faire un poème.

Le chat et le soleil, M. CARÊME   p. 15

1. Comment le soleil peut-il rester dans les yeux du chat ?
2. Les choses les plus naturelles peuvent avoir une explication merveilleuse. Imaginez pourquoi les arbres perdent leurs feuilles, pourquoi les rivières ne coulent pas droit, pourquoi les maisons..., les oiseaux...

« Une écolière passe... », A. CHAVÉE   p. 16

Un poème à la fois étrange et drôle : pourquoi ?

Le roi de l'île, G.-E. CLANCIER   p. 17

1. Décrivez et dessinez l'île, telle que vous la voyez.
2. Quel roi choisissez-vous ? Pourquoi ?
3. Est-ce que cette île existe ?
4. Comment dire ce texte à plusieurs voix ?

« La neige... », P. CLAUDEL   p. 18

1. Pouvez-vous décrire autrement une chute de neige ?
2. Etudiez maintenant le texte : disposition des mots, répétition de mots et de sonorités...
3. N'y a-t-il pas quelque chose d'inquiétant dans cette chute de neige ?

La puce, R. CLAUSARD   p. 19

1. Est-ce que vous trouvez ce texte amusant ? Pourquoi ?
2. Ce texte n'a pas de ponctuation ; à quels endroits allez-vous vous arrêter ? De quelle façon allez-vous faire parler l'âne et la puce ?

3. Imaginez que l'âne arrête d'autres animaux.

Le hareng saur, C. CROS   pp. 20-21

C'est un texte idéal pour une récitation à plusieurs.
Alors, préparez l'exercice : composition et disposition du groupe, ce qui est dit en chœur, ce qui est dit par un seul, changements de rythme, mimiques, etc.

Le tamanoir, R. DESNOS   p. 22

Qui pose la question ? Est-ce une seule personne ? Qui donne la réponse ? Qui parle de ciel, d'œil et de vin ? On peut imaginer plusieurs situations, plusieurs personnages, plusieurs manières de dire ce texte. Selon la réponse que vous donnerez, le poème deviendra triste, gai, grave, comique, étrange... Amusez-vous à trouver, en groupe, différentes interprétations.

Il est temps que je m'explique,   p. 23
P. DOUVRES

1. Faites le portrait des «habitants» de la plage, tels que le poète les voit.
2. Est-ce seulement la plage que le poète semble détester ?
3. Faites le portrait de cet homme qui hait la plage.
4. Etes-vous de son avis ? Pourquoi ?

«Une vie rangée...», P. DOUVRES   p. 23

1. Une vie rangée — une lettre rangée : quels sont les deux sens du mot «rangée» ?
2. «... des lettres dans du cuir» : qu'est-ce que cette expression évoque ?
3. Qu'est-ce que le poète réussit à exprimer en quelques mots ?

Air de ronde, M. FOMBEURE   p. 24

1. Rêve et réalité dans ce poème : qu'est-ce que la dernière strophe nous fait comprendre ?

2. Sur quel air connu peut-on chanter cet « Air de ronde » ?

Comptine à la moustache, A. FRÉNAUD   p. 25

1. Quelle est votre réaction à la lecture de ce texte ?
2. Les mots s'enchaînent de façon fantaisiste. Comment passe-t-on d'un mot à l'autre ?
3. Peut-on réciter cette comptine les mains derrière le dos ? Pourquoi ?
4. Comment la dire ? Tout seul ? A plusieurs ? Avec quelle voix ? Quel déguisement ? Quelles mimiques ?

L'écureuil de Noël, P. GILSON   p. 26

Ce poème se lit comme un conte de Noël... On y trouve :
— une histoire qui fait pleurer : laquelle ?
— des choses surprenantes : lesquelles ?
— une fin mystérieuse : vous paraît-elle inquiétante ou merveilleuse ?

Recette, GUILLEVIC   p. 27

1. Pourquoi ce titre ?
2. Est-ce que cette manière de présenter le paysage le rend plus vivant ou, au contraire, artificiel ?
3. Dessinez ce paysage.

Ce que dit le public, V. HUGO   pp. 28-29

1. Les trois enfants n'ont pas le même âge : est-ce que cela apparaît dans ce qu'ils disent et dans ce qu'ils font ?
2. Lisez, dites et jouez cette petite scène.
3. Imaginez que la visite du zoo continue...

Du lard et du sel, M. JACOB   p. 30

1. Comment imaginez-vous les « personnages » ? Y a-t-il une relation entre eux ?
2. Ce qu'ils ont l'intention de faire vous paraît-il surprenant ?

3. A votre avis, ce poème est-il une promenade réelle transformée par le poète ? Un mauvais rêve ? Un jeu de poète ?
4. Pouvez-vous donner un autre titre au poème ?

Monsieur, G. NORGE   p. 31

Chacun peut dire et jouer ce texte à sa manière : qui est « Monsieur » ? Où est-il ? Qui parle ? Un ou deux personnages ? A qui ? Est-ce un petit drame ? Une comédie ?

Chanson de mendiant, G. NOUVEAU   pp. 32-33

1. Trouvez-vous que ce mendiant a de l'humour ?
2. Faites son portrait.
3. Quelqu'un se plaint du mendiant... Un autre le défend... Que disent-ils ?
4. Comment imaginez-vous la mise en scène de ce texte ?

Dimanche, R. de OBALDIA   p. 34

1. Qu'est-ce qui ne fait pas sérieux dans ce poème ?
2. Comment imaginez-vous chaque personnage, d'après son nom et son occupation ?
3. Texte à dire et à mimer à plusieurs : où se trouvent les personnages ? Comment prennent-ils la parole ? Est-ce qu'ils parlent tous de la même manière ?
4. Texte à imiter, en choisissant d'autres prénoms, d'autres occupations...

« Je déteste les nuages... », F. PICABIA   p. 35

1. D'habitude, qu'est-ce que l'on dit des nuages ?
2. Qu'est-ce qui peut surprendre dans ce poème ?
3. Est-ce que vous pensez que le poète est sincère ? qu'il s'amuse ? qu'il se moque de nous ?
4. « Nous détestons les poètes... », répondent les nuages. Imaginez la suite.

Quartier libre, J. PRÉVERT   p. 36

1. Qu'est-ce qui est surprenant et drôle dans ce texte ?

2. Pour dire ce texte comme il faut, vous devez prendre quatre voix différentes : pourquoi ?

Être ange, J. PRÉVERT   p. 37

1. Est-ce que l'ange et l'âne parlent sur le même ton ?
2. Pourquoi l'ange se met-il en colère ?

Dans l'espace, R. QUENEAU   p. 38

1. Le titre est vague mais le texte donne des indications sur la situation : lesquelles ?
2. Qu'est-ce que le premier et le dernier vers nous apprennent sur celui qui parle ?
3. Imaginez les différentes manières de jouer ce texte : un ou plusieurs personnages ? Tristes ? Comiques ? Comment sont-ils habillés ? Où sont-ils ? Que font-ils ?

Il pleut, R. QUENEAU   p. 39

1. Quelle est votre réaction à la lecture de ce texte ?
2. Quelles images, quels spectacles voyez-vous ?
3. Texte parfait pour un chœur : vous êtes le chef d'orchestre, imaginez le spectacle.

Histoires naturelles, J. RENARD   pp. 40-41

1. Lorsqu'il parle des animaux, à quoi s'intéresse surtout Jules Renard ?
2. Pouvez-vous deviner le sens de « un couac », « il n'y a pas de mais », « un frisson » ?
3. Imaginez une mise en scène réunissant tous ces animaux.

Le « IL », A. ROBIN   p. 42

1. Comment vous représentez-vous le « IL » : aspect physique, âge, vêtements, profession, caractère, opinions, etc. ?
2. Pourquoi le « IL » se sent-il seul ?
3. Pourquoi le poète l'a-t-il appelé le « IL » ?

L'enfant qui va aux commissions, p. 43
C. ROY

1. Rêve et réalité : comment raconter l'histoire de cet enfant ?
2. Qui parle dans les strophes 1 et 3 ? Dans les autres ?
3. Le poète est-il du côté des parents ou de l'enfant ?

Chanson, A. SALMON p. 44

Est-ce que le poète est heureux ou malheureux ? Est-ce qu'il ne veut voir personne ou est-ce que personne ne peut l'aider ? Pourquoi est-il difficile de répondre ?

Fable, Y. SIMON p. 45

Si vous aimez cette fable, essayez de découvrir ce qui fait son charme. Si vous ne l'aimez pas, pouvez-vous dire pourquoi ?

« Au grand galop... », Y. SIMON p. 46

1. Que savez-vous des zèbres ?
2. Comment comprenez-vous le jeu de mots du dernier vers ?
3. Lorsque l'on récite ce poème, il faut s'arrêter à la fin de chaque vers : pourquoi ?

Mantes la Jolie, Y. SIMON p. 46

1. Quels sont les différents éléments du paysage ?
2. D'après vous, quel est le plus important ?
3. Décrivez en une phrase la ville, telle que le poète la voit.
4. A quelle occasion utilise-t-on le verbe « trancher » et l'expression « à ma droite... à ma gauche » ?
5. Dans ces conditions, comment faut-il dire ce texte ?
6. Illustrez-le par un dessin, des photos ou un collage.

« J'ai contre quelques poissons... », p. 47
Y. SIMON

1. Comment et pourquoi l'expression « échangé la mer »

est-elle mise en valeur ?

2. Comment comprenez-vous ces deux vers ? Que représentent, d'après vous, la mer et les poissons ?

« Toute vie est sans mémoire... », p. 47
Y. SIMON

1. Cherchez toutes les relations que l'on peut établir entre les mots du texte : rapports de sens, de sons...
2. Quel est, selon vous, le mot le plus important du poème ?

Funèbre, P. SOUPAULT p. 48

1. Qu'est-ce qui fait de ce texte une chanson que l'on a envie de chanter, plutôt qu'un poème triste ?
2. Essayez de dire et de jouer le texte à plusieurs, comme un bruit qui court dans la nuit.

Au galop, P. SOUPAULT p. 48

1. Qu'est-ce qui surprend dans ce poème ?
2. Un mystère : comment imaginez-vous le personnage qui parle ? Celui à qui l'on parle ?
3. N'y a-t-il pas plusieurs manières de dire ce texte et de le mettre en scène ?

Ronde, A. SPIRE p. 49

Un poème qu'il faut bien regarder et dire de nombreuses fois pour en apprécier toute la légèreté et la fantaisie : cherchez la meilleure manière de réciter cette « Ronde » en variant le rythme, la voix, les gestes...

Le lac endormi, J. SUPERVIELLE p. 50

1. Qu'est-ce que le poète a pu voir et entendre réellement ?
2. Comment l'auteur rend-il le sapin inquiétant ?

Comptine, J. TARDIEU p. 51

Le ton change progressivement : quelle différence y a-t-il entre le début du texte et la fin ?

Conversation, J. TARDIEU   p. 52

Une conversation à la fois mystérieuse et amusante…
Qui pose les questions ? D'où vient cette voix ? Qui répond ?
S'agit-il d'êtres humains ?
Imaginez les mises en scène les plus variées : fantastiques,
fantaisistes, réalistes, etc.

« Tu ouvres les ailes… », T. TZARA   p. 53

1. « à ton âge » surprend : pourquoi ?
2. Connaissez-vous un cheval volant ?
3. Entraînez-vous à dire ce texte ; cherchez la bonne into-
   nation.

Moi dans l'arbre, P. VINCENSINI   p. 54

1. Décrivez la scène.
2. Comment voyez-vous le personnage qui est dans l'arbre ?
   Et l'autre ?
3. Essayez de dire ce texte de différentes manières : vous
   êtes calme, effrayé(e), souriant(e), en colère, etc. Qu'est-
   ce qui vous paraît le plus juste ?

Toujours et Jamais, P. VINCENSINI   p. 55

1. Pourquoi et comment le poète se moque-t-il de « Toujours » et « Jamais » ?
2. Comment jouer le texte : avec une casquette ? A deux ?
   Comment se partager le texte ? Quels jeux de scène ?

Étape 2
Lecture du recueil

A. Analysez

Dans ce recueil, les poèmes sont classés selon l'ordre alphabétique des auteurs. On peut les classer autrement.

1. Regroupez les poèmes qui vont bien ensemble ou qui se ressemblent. Par exemple :
   — poèmes gais/poèmes sérieux/poèmes tristes
   — poèmes des villes/poèmes des champs
   — poèmes faciles/poèmes difficiles
   — poèmes avec rimes/sans rimes
   — poèmes avec/sans ponctuation
   — poèmes du rêve/poèmes de la réalité
   — poèmes du jour/poèmes de la nuit
   — poèmes pour les petits/pour les grands/pour tous
   — poèmes pour réfléchir/poèmes pour s'amuser
   — poèmes de la terre/de l'air/ de l'eau/ du feu
   — poèmes histoire/poèmes paysage/poèmes confidence...

2. Essayez de classer autrement les cinquante poèmes. Comment faites-vous ? Quels titres donnez-vous aux différentes parties ?

3. Choisissez un poème qui donne une idée de l'ensemble. Expliquez votre choix.

4. Plusieurs mots reviennent souvent dans le recueil : lesquels ?

5. Y a-t-il une ou plusieurs situations que l'on retrouve plusieurs fois dans le recueil ? Qu'en pensez-vous ?

6. Donnez un autre titre à ce recueil.

B. Appréciez

1. Quels sont les cinq poèmes que vous préférez ? Est-ce qu'ils se ressemblent ?

2. Quels sont ceux que vous aimez le moins ? Est-ce qu'ils se ressemblent ?

3. Quels sont les poèmes que vous aimez réciter ? Pourquoi ?

4. Quels sont les vers que vous aimez particulièrement ?

5. A quoi vous attendiez-vous lorsque vous avez ouvert ce livre pour la première fois ?

C. Présentez

1. Composez un album avec les cinq poèmes du recueil que vous préférez, des illustrations, des poèmes composés par vous ou par vos camarades, d'autres poèmes que vous aimez et qui ne sont pas dans ce recueil.

2. Faites une exposition de poèmes illustrés : textes du recueil et textes inventés, dessins et photos.

3. Choisissez quelques poèmes et préparez un spectacle. Ce spectacle peut prendre plusieurs formes, du simple jeu en classe à la représentation en public avec costumes et décors...
   — Comment faire pour que le spectacle ait, à la fois, une certaine variété et une certaine unité ?
   — Quels poèmes choisir ?
   — Quels textes vont bien ensemble ? Quels textes se heurtent ? Comment vont-ils s'enchaîner ?
   — Comment dire chaque poème ? N'y a-t-il pas des poèmes pour un acteur ? Pour un duo ? Pour un chœur ? Pour un clown ? Pour des petites filles ? Pour une voix sans visage ? Pour des personnages masqués ? Pour des animaux ? Pour un clochard ? Pour un petit vieux ? Pour une femme à chapeau ? Pour un homme à casquette ? Pour Monsieur Tout-le-Monde ?
   — Quelle mise en scène faut-il prévoir pour l'ensemble ? Quelle situation ? Quel décor ? Faut-il écrire un texte pour présenter les poèmes ?

Itinéraires de lecture
corrigés

Étape 1

Dentelle, p. 7

1. Le texte représente de la dentelle.
2. Tous les éléments sont légers, fragiles et pleins de fantaisie.

La dame, p. 8

1. Une dame vient voir un ami. Elle frappe à la porte. Personne ne répond. Elle s'aperçoit que le jardin est abandonné. Elle voit passer un cercueil. Elle demande qui est dedans. On lui répond que c'est l'homme qu'elle venait voir.
3. Une souris qui passe ? Celle qui répond à la dame ? La dame elle-même ?

L'adieu, p. 8

2. Pour faciliter l'observation, marquez par des couleurs tous les sons qui sont répétés ou qui se ressemblent (O/OU/ON, par exemple, ou OR/EUR, etc.)

«La cravate douloureuse...», p. 9

1. Le texte a la forme d'une cravate. C'est un calligramme (cf. *Dentelle*).
2. Il se moque d'eux : leur cravate les étouffe, ils se croient plus beaux et plus «civilisés» que les autres !

CORRIGÉS

L'indifférent, p. 10

1. La campagne colorée, la liberté, opposées à la ville sombre, au travail.
2. Le poète a décidé de travailler, d'écrire... C'est un peu un secret qu'il nous révèle à la fin, une explication qu'il nous donne.

Balle arithmétique, p. 11

1. Il y a cent manières de jouer avec une balle : la lancer contre un mur, taper dans ses mains...

Ronde, p. 12

2. Quand un poète nous invite à entrer dans sa ronde, il nous invite peut-être à changer de vie...
3. Ceux qui tournent et ceux qui passent. Le premier mot de chaque strophe indique les mouvements. «Entrez» peut être repris sous la forme «Entrons», etc.

«Fête aux fous...», p. 13

1. Fête aux fous, c'est un loup...
2. Fête à la maison, je perds la raison...

La bouteille d'encre, p. 14

1. Le navire est retenu par l'ancre, la chèvre est attachée dans le pré, etc.

Le chat et le soleil, p. 15

1. Quand on regarde fixement une lumière, on en garde un instant l'image.

«Une écolière passe...», p. 16

Quatre phrases, quatre personnages, quatre événements qui n'ont, en principe, aucun rapport les uns avec les autres. Mais le poète les a rapprochés... Alors, malgré nous, nous établissons des relations entre le nuage et l'écolière, l'insecte et le poète, le nuage et l'insecte, etc. Le résultat est étrange.

Le roi de l'île, p. 17

3. Cette île ressemble fort à un pays de rêve...

«La neige...», p. 18

1. Par exemple, ce cliché : la neige étend son manteau blanc.

3 . Les couches de neige, les unes après les autres, les unes sur les autres, inévitablement... La neige que rien n'arrête...

La puce, p. 19

1 . Le chien est un autobus très commode, l'âne un brave gendarme et la puce une infirmière.

Le hareng saur, pp. 20-21

Une solution : les adjectifs sont dits en chœur, de plus en plus fort, et chacun dit un vers. On peut aussi faire le contraire !

Le tamanoir, p. 22

Un chœur — à la manière antique ? — serait sans doute très utile : «... Ciel bleu, ciel gris, ciel blanc... »

Il est temps que je m'explique, p. 23

1 . Ils marchent d'une manière ridicule ; leur dos brûlé les fait grimacer ; ils se nourrissent de glaces ; ils lisent tous les mêmes magazines à longueur de journée ; ils vivent en dehors du temps.

2 . Il ne doit pas beaucoup aimer une certaine idée des vacances : bonheur obligatoire, bronzage obligatoire, repos obligatoire... L'ennui ?

«Une vie rangée...», p. 23

1 . Une vie calme, régulière — une lettre soigneusement placée dans un tiroir, un classeur.

2 . Ce qui ne sert plus à rien.. Mais aussi les mots dans un livre.

3 . Sa pitié (son mépris ?) pour des gens fiers de mener une existence pourtant sans intérêt.

Air de ronde, p. 24

1 . Que le roi sans sa reine, c'était lui.

3 . *Au clair de la lune* (troisième strophe).

Comptine à la moustache, p. 25

2 . D'après le sens : «virgule/moustache, s'en va/clopin-clopant» et d'après les sons : «moustache/moutarde, reviendra/ressouviendra, rat/roi». Les mots bondissent et rebondissent et se poursuivent les uns les autres.

3 . Le texte éclate dans tous les sens : comment pourrait-on rester immobile ?

CORRIGÉS

L'écureuil de Noël, p. 26

— L'histoire d'un pauvre petit écureuil sauvé, en plein hiver, par un orphelin et recueilli par une dame riche.
— L'écureuil dans un chapeau... Londres... le sautoir d'argent...
— S'agit-il toujours d'un écureuil ?

Recette, p. 27

1. Le poème se présente comme une recette de cuisine.

Ce que dit le public, pp. 28-29

1. CINQ ANS commet quelques erreurs... de vocabulaire, SIX ANS est un peu plus savant et SEPT ANS joue au chef, mais tous les trois sont impressionnés par les animaux.

Du lard et du sel, p. 30

1. On ne rencontre pas tous les jours des canards qui vont s'amuser — un cheval boiteux qui promène une reine avec une ombrelle en peau d'éponge — un chien qui se prépare à mordre — un vieillard qui se dépêche d'aller mourir.
3. Relisez le corrigé de *Une écolière passe...*, Achille CHAVÉE.

Monsieur, p. 31

N'oubliez pas que « Monsieur » est le mot que les domestiques utilisent pour parler de leur maître.

Chanson de mendiant, pp. 32-33

1. Il sait se moquer de lui-même (strophes 3 et 4).

Dimanche, p. 34

1. Les prénoms bizarres et les occupations des personnages qui ne sont là que pour la rime... Bref, le poème tout entier !

« Je déteste les nuages... », p. 35

1. « J'aime les nuages, les merveilleux nuages », a écrit un autre poète (Baudelaire).
2. La colère du poète contre... des nuages ! Il voudrait qu'ils ressemblent... à des tigres et qu'ils réfléchissent !

Quartier libre, p. 36

1. Le képi dans la cage, l'oiseau sur la tête, mais aussi, un oiseau qui parle

et un commandant qui s'excuse. La situation est absurde, mais tout le monde est sérieux.

Être ange, p. 37

1. L'ange est sûr de lui. L'âne paraît timide.
2. Parce qu'il ne trouve rien à répondre à l'âne.

Dans l'espace, p. 38

1. Cela se passe dans une ville... Paris? Il y a un autobus, des badauds dans les rues à une heure calme...
2. Il doit avoir l'accent populaire parisien («kékchose»). Il n'a pas grand-chose à faire et semble ne s'intéresser qu'au temps qu'il fait.

Il pleut, p. 39

3. Pourquoi ne pas essayer une récitation «en canon»?

Histoires naturelles, pp. 40-41

1. A leur cri, à leur forme, à leurs mouvements.
2. Une fausse note — On ne discute pas mes ordres — Un petit tremblement.

Le «IL», p. 42

1. Est-il sûr de lui? Timide? Comme tout le monde?
2. Les autres le rejettent? Il rejette les autres? Il est perdu dans la foule?
3. Parce qu'il dit toujours «Moi, je...»? Parce qu'il n'ose pas dire «Je...»? Parce que c'est Monsieur Tout-le-Monde?

L'enfant qui va aux commissions, p. 43

1. Est-ce le poète qui rêve? Est-ce l'enfant?
2. Les parents. Le poète.
3. Il fait semblant de plaindre les parents.

Chanson, p. 44

Les couples (poète-gloire, oiseau-air du soir, etc.) donnent tantôt l'image du bonheur, tantôt celle du malheur.

Fable, p. 45

On peut être sensible au mélange du familier et du merveilleux.

CORRIGÉS

« Au grand galop... », p. 46

1. Des animaux paisibles au pelage rayé.
2. « hors de lui » signifie en même temps : « hors de sa peau rayée » et « en colère ».
3. Chaque vers surprend le lecteur.

Mantes la Jolie, p. 46

1. Une autoroute, des maisons d'un côté, des immeubles de l'autre, une station-service au loin.
3. Mantes la Jolie est une ville composée de pavillons et d'immeubles, séparés par une autoroute.
4. « Trancher », à l'occasion d'une discussion ; « à ma droite... à ma gauche », au début des combats de boxe.
5. D'une voix très forte, comme une annonce, une proclamation.

« J'ai contre quelques poissons... », p. 47

1. En séparant « J'ai... » de « échangé », le poète crée une attente, rejette à la fin « échangé la mer », ce qui met cette expression en valeur. Ce qui est important, dans cet échange, ce n'est pas ce qu'il a gagné, c'est ce qu'il a perdu !

« Toute vie est sans mémoire... », p. 47

1. Mémoire/oubli, mémoire/miroir/meurt, meurt/pleure, etc.

Funèbre, p. 48

1. Le nom du mort, sa profession, les jeux de sonorités (n, m, i, oi), les changements de rythme.

Au galop, p. 48

1. Pourquoi prendre son cheval, sa cravache et ses gants ? Pour aller à la ville ! Pour quoi faire ? Pour aller regarder un beau château... dans la forêt ! Ce n'est pas à cela que l'on s'attend. De même, pour le dernier vers, est-ce que ce n'est pas le contraire que l'on attend ?

Ronde, p. 49

Un texte qui doit voler, comme la chauve-souris...

Le lac endormi, p. 50

1. L'ombre d'un arbre sur l'eau, une branche au fil de l'eau, le clapotis de l'eau dans la nuit...

2 . Sans le décrire, sans dire ce qu'il fait sur l'eau. Simplement, en évoquant la nuit, une barque «sans bras», le bruit léger de l'eau qui a peur...

Comptine, p. 51

Le début est drôle et la fin triste.

Conversation, p. 52

Les réponses sont données sur un ton familier. Il faut en tenir compte dans votre mise en scène.

«Tu ouvres les ailes...», p. 53

1 . Amusez-vous à faire deviner le dernier vers. On vous dira, le plus souvent, «tu ne sais pas voler».

2 . Pégase, le cheval ailé de la mythologie grecque.

Moi dans l'arbre, p. 54

1 . Un homme dort dans un arbre. Un chasseur prend ses souliers pour des corbeaux et s'apprête à tirer.

Toujours et Jamais, p. 55

1 . Parce que ce sont des mots sérieux que l'on emploie dans les grandes occasions : «je t'aimerai toujours, je ne t'oublierai jamais»... En connaissez-vous d'autres ?
Il en fait deux copains qui ressemblent fort à deux clowns.

Les auteurs

Pour chaque auteur est citée en italiques une œuvre importante.

P. Albert-Birot (1876-1967) — Écrivain, peintre et sculpteur, c'est un artiste plein d'invention (*Grabinoulor*).

G. Apollinaire (1880-1918) est l'un des plus grands poètes français, le premier « moderne », sans doute, avec *Alcools*, paru en 1913 et *Calligrammes* (1918).

M. Béalu (né en 1908) accorde une grande place au rêve et au fantastique (*L'Araignée d'eau*).

P. Béarn (né en 1902), l'auteur de *Couleur d'usines* (« métro, boulot, dodo »), écrit aussi des *Fables*.

L. Bérimont (1915-1983) — Poète, romancier et homme de radio (*L'Herbe à tonnerre*).

M. Carême (1899-1978) — Ce poète belge a beaucoup écrit pour les enfants (*La Lanterne magique*).

A. Chavée (1906-1969) — Poète surréaliste belge, à l'humour noir (*Quatrains pour Hélène*).

G.-E. Clancier (né en 1914) — Ce poète-romancier est un écrivain de la terre (*Le Pain noir*).

P. Claudel (1868-1955) — Son œuvre poétique (*Cinq Grandes Odes*) et théâtrale (*L'Annonce faite à Marie*) en fait l'un des écrivains les plus importants du XXᵉ siècle.

R. Clausard est l'auteur d'un recueil de poèmes intitulé *Les Berceuses de la marmotte*.

C. Cros (1842-1888) — Ce poète plein d'humour fut un grand inventeur (*Le Coffret de santal*).

R. Desnos (1900-1945) — L'un des poètes contemporains les plus connus du grand public, grâce, notamment, à ses *Chantefables et Chantefleurs*.

P. Douvres (né en 1940) porte sur le monde un regard amusé et souvent ironique.

M. Fombeure (1906-1981) — Il a chanté avec beaucoup de fantaisie la campagne et ses habitants (*A dos d'oiseau*).

A. Frénaud (né en 1907) — Sa voix est forte et sa poésie peut être violente (*La Sainte Face*).

P. Gilson (1906-1963) — Son œuvre est nourrie de souvenirs d'enfance et de voyages (*Poèmes*).

E. Guillevic (né en 1907) — Il interroge les pierres, les métaux, la nature dans des poèmes brefs et denses (*Terraqué*).

V. Hugo (1802-1885) — Le plus célèbre des poètes français. Son œuvre est immense et connue dans le monde entier (*Les Contemplations*, *La Légende des siècles*, *L'Art d'être grand-père*).

M. Jacob (1876-1944), étrange et familier, est l'un des poètes contemporains les plus inventifs (*Le Cornet à dés*).

G. Norge (né en Belgique en 1898) — A la fois grave et amusé, il sait nous charmer, mais aussi nous inquiéter (*Famines*).

G. Nouveau (1852-1890), qui mena une vie de bohème, est un poète plein de fantaisie et de tendresse (*Poésies d'Humilis*).

R. de Obaldia (né en 1918) — Sa fantaisie de poète (*Innocentines*) s'exprime également dans des pièces de théâtre à succès.

F. Picabia (1879-1953) est surtout connu comme peintre. Le recueil de ses textes s'intitule *Écrits*.

J. Prévert (1900-1977) — Le plus populaire des poètes contemporains sait être tendre avec ceux qu'il aime et dur avec ceux qu'il méprise (*Paroles*, *Spectacle*, *Fatras*).

R. Queneau (1903-1976) — Connu du grand public grâce à *Zazie dans le métro*, il sait, mieux que personne, faire vivre des personnages en jouant avec les mots (*Si tu t'imagines*).

J. Renard (1864-1910) — L'auteur du célèbre *Poil de carotte* et des *Histoires naturelles* est souvent plus tendre avec les animaux qu'avec le genre humain.

A. Robin (1912-1962) — Le titre de son principal recueil le dépeint bien : *Ma vie sans moi...*

C. Roy (né en 1915) a publié en 1974 un recueil de poèmes pour enfants, *Enfantasques* et, en 1978, *Nouvelles Enfantasques*.

A. Salmon (1881-1969) — Ami d'Apollinaire et de Max Jacob, il fut le poète de l'aventure contemporaine (*Carreaux*).

Y. Simon (né en 1941) — Ce poète de son enfance et du quotidien écrit aussi des pièces de théâtre (*Chute libre*).

P. Soupault (né en 1897) a participé à l'aventure surréaliste. Il aime surprendre, émerveiller (*Poèmes et Poésies*).

A. Spire (1868-1966) — Homme d'action, poète généreux, il chante la vie avec passion (*Poèmes d'hier et d'aujourd'hui*).

J. Supervielle (1884-1960) — Poète profond au langage clair, il nous révèle l'aspect secret des choses (*Les Amis inconnus*).

J. Tardieu (né en 1903) — Lorsqu'il s'amuse avec les mots, c'est la réalité qui prend un autre sens (*Monsieur Monsieur*).

T. Tzara (1896-1963) — L'inventeur de «Dada». Dans son œuvre se mêlent la violence et la tendresse (*L'Homme approximatif*).

P. Vincensini (1930-1985) — Avec lui, ce qui nous est familier devient drôle et parfois bizarre (*Le Point mort*).

Table

Imprimé en France par l'imprimerie Aubin, 86240 Ligugé
Dépôt légal n° 859-4-1986. — Imprimeur n° L 21276
Collection n° 03. — Édition n° 01
15/4670/4